Rechtsvergleichung zwischen Niederlande und Schweiz
am Beispiel des Gesellschaftsrechts

Rechtsvergleichung zwischen Niederlande und Schweiz am Beispiel des Gesellschaftsrechts

TAM T.T. NGUYEN

WISSEN - BILDUNG

Herausgegeben von: Tam T.T. Nguyen

Verlagslabel: TAM T.T. NGUYEN

Druck und Distribution im Auftrag der Autorin:
tredition GmbH, Heinz-Beusen-Stieg 5, 22926 Ahrensburg, Deutschland

Kontaktadresse nach EU-Produktsicherheitsverordnung: vivian.ng@gmx.net

INHALTSVERZEICHNIS

Abkürzungsverzeichnis

Art.	Artikel
bzw.	beziehungsweise
BW	Burgerlijk Wetboek
d.h.	das heisst
Eidg	eidgenössisches
Fr.	Franken
Fw	Faillissementswert
HR	Hoher Rat (Hooge Raad)
i.H.v.	in Höhe von
i.V.m.	in Verbindung mit
NJ	Nederlandse Jurisprudentie
OR	Obligationenrecht
Rv	Wetboek van Burgerlijke Rechtsvordering
T&C BW	Tekst & Commentaar Burgerlijk Wetboek
u.a.	unter anderem
WvK	Wetboek van Koophandel

1 Einführung

Mit Rechtsvergleichung ist mehr gemeint als die Vergleichung der nationalen Rechtsordnung. Dieses Mehr ist das Übernationale. Keine Rechtswissenschaft kann es sich leisten, sich allein auf Erkenntnisse zu stützen, die innerhalb ihrer nationalen Grenzen produziert worden sind. Somit ist die Rechtsvergleichung das Vergleichen von verschiedenen nationalen Rechtsordnungen. In mittel- und osteuropäischen Staaten oder in China z.B. hat man erkannt, dass die Gesetzgebung des Auslands der eigenen legislatorischen Arbeit wesentliche Anstöße geben kann bzw. macht man sich Erfahrungen anderer Länder zunutze, um sich aufgrund vergleichender Überlegungen an Lösungen zu orientieren.[1]

In diesem Zusammenhang werden bestehende Unterschiede und Gemeinsamkeiten der einzelnen nationalen Rechtsordnungen untersucht. Die verschiedenen nationalen Normensysteme werden dabei meist durch vergleichende Länderstudien aufgezeigt.

Die vorliegende Arbeit befasst sich mit dem schweizerischen und niederländischen Gesellschaftsrecht. Wir mussten hierbei feststellen, dass bisher nur wenige deutsche Bücher oder Aufsätze zu diesem Thema existieren. Dies war letztendlich auch ein Hauptgrund dafür, das Thema allgemeiner und beschreibender anzugehen. Wir halten es daher für sinnvoll, zunächst einen allgemeinen Überblick über das niederländische und schweizerische Gesellschaftsrecht zu geben, als sich direkt mit Spezialproblemen der Materie zu befassen.

---

[1] Vgl. Konrad Zweigert/Hein Kötz: Einführung in die Rechtsvergleichung, S. 1-2, 13, 15.

Ziel dieser Studie ist es, die unterschiedlichen nationalen Gesellschaftsrechte zu systematisieren, die eigentlichen Normen und Gesetze zu analysieren sowie die Art und Weise ihrer Entstehung zu erklären.

2 Begrifflichkeit des Gesellschaftsrechts

Gesellschaften im weiteren Sinne sind alle Zusammenschlüsse, welche die Merkmale Vertrag, gemeinsamer Zweck und Förderpflicht der Vertragsschließenden erfüllen. Gesellschaften im engeren Sinne sind dagegen nur Personenvereinigungen des Privatrechts, deren Mitglieder sich zu Erreichung eines gemeinsamen Zwecks zusammenschließen.[2] Das Gesellschaftsrecht ist das Recht dieser privaten Zweckverbände, deren gesetzliche Regelung sich im Wesentlichen auf drei Punkte beschränkt:[3]

1. den Anteil des einzelnen Mitberechtigten
2. die gemeinsame Verwaltung des gemeinsamen Gegenstandes
3. das jedem Teilhaber zustehende Recht auf Aufhebung der Gemeinschaft

[2] Vgl. Uwe Hüffer: Gesellschaftsrecht, S. 9-10.
[3] Vgl. Rudolf Reinhardt/Dietrich Schultz: e. Gesellschaft, S. 10.
Vgl. Reinhardt, Schultz, 1981, S. 10.

3 Entwicklung des niederländischen Unternehmensrechts

Das Handelsrecht- und Gesellschaftsrecht hatte seinen hergebrachten Ort im *Wetboek van Koophandel* (WvK) von 1838. In der neueren Kodifikationsbewegung hat man sich entschlossen, die handelsrechtlichen Vorschriften in das *Burgerlijk Wetboek* (BW) zu integrieren. Dahinter stand der Gedanke, dass das Handelsrecht ursprüngliches Privatrecht ist und dass es vor allem historische Gründe waren, die zu seiner Regelung in Sondergesetzen geführt haben. Die Integration lag auch nahe, weil das niederländische Recht anders als das Bürgerliches Gesetzbuch, in dem der Kauf eigentlich als Konsumentenkauf geregelt ist, keine Sondervorschriften für den Handelskauf hatte. Der Großteil der handelsrechtlichen Institute, die früher im *Wetboek van Koophandel* geregelt waren, findet sich heute in den Büchern 7 und 8 des BW. Das Gesellschaftsrecht ist ganz in das 2. Buch des BW übernommen worden. Im *Wetboek van Koophandel* sind nur noch einzelne Materien, darunter aber auch das Recht der Personengesellschaften und das Wertpapierrecht erhalten geblieben.[4]

Das Handelsregisterrecht ist durch ein neues, am 1.10.1997 in Kraft getretenes Gesetz (*Handelsregisterwet, Hrw*) geregelt. Das formelle Registerrecht regelt der gleichzeitig in Kraft getretene Handelsregistererlass (*Handelsregisterbesluit*). Das Handelsregister wird bei den Handelskammern (*Kamers van Koophandel en Fabrieken*) geführt; eine Niederlassung oder Handelsvertretung in den Niederlanden muss im Handelsregister eingetragen sein (Art. 3 Hrw). Das Register ist für jeden frei einsehbar.[5]

---

[4] Vgl. Wolfgang Mincke: Einführung in das Niederländische Recht, S. 210-211.
[5] Vgl. Wolfgang, Mincke: a.a.O., S. 210-211.

Zur Eintragung sind der Eigentümer des Unternehmens oder, bei juristischen Personen, die Vorstände verpflichtet. Eingetragen werden bei natürlichen Personen Name und Adresse, die Nationalität, der Sitz des Unternehmens und gegebenenfalls ein vom gesetzlichen Güterstand abweichender Ehegüterstand (*huwelijkse voorwaarden*). Bei juristischen Personen sind deren Name, der satzungsgemäße und der tatsächliche Sitz, die Personalien der Geschäftsführer und Vorstände (*bestuurders*) und Beschränkungen ihrer Vertretungsmacht einzutragen. Außerdem müssen juristische Personen eine notariell beglaubigte Abschrift ihrer Satzung vorlegen. Bei Einmanngesellschaften muss der alleinige Inhaber der Gesellschaftsanteile benannt werden.[6]

[6] Vgl. Wolfgang Mincke: a.a.O., S. 210-211.

4 Niederländisches Gesellschaftsrecht (§ 13 BW) und ihre Gesellschaftsformen

Die in den Niederlanden gebräuchlichen und zugelassenen Gesellschaftsformen sind:[7]

- *eenmanszaak* (einzelkaufmännisches Unternehmen)
- *maatscha p* (Gesellschaft bürgerlichen Recht)
- *vennootschap onder firma* (offene Handelsgesellschaft)
- *commanditaire vennootschap* (Kommanditengesellschaft)
- *naamloze vennootschap* (Aktiengesellschaft)
- *besloten vennootschap* (Gesellschaft mit beschränkter Haftung)
- *vereniging* (Verein)
- *coöperatie* (Genossenschaft)
- *onderlinge waarborgmaatschappij* (Versicherungsverein auf Gegenseitigkeit
- *stichting* (Stiftung)

4.1 Einzelkaufmännisches Unternehmen (*eenmanszaak*)

Das einzelkaufmännische Unternehmen entsteht ohne Einhaltung einer Form mit der Aufnahme der kaufmännischen Betätigung. Der Unternehmer ist verpflichtet, sich unverzüglich in das Handelsregister eintragen zu lassen. Er haftet mit seinem gesamten Geschäfts- und Privatvermögen.

Probleme entstehen, wenn der Einzelunternehmer im gesetzlichen Güter-

[7] Vgl. Wolfgang Mincke: a.a.O., S. 210-211.

stand der Gütergemeinschaft lebt. Dann haftet er mit seinem Vermögen und zugleich mit dem Vermögen seines Ehegatten.[8]

4.2 *Maatschap* (Art. 7a:1655 ff. BW – Gesellschaft)

Die Gesellschaft ist dadurch gekennzeichnet, dass mehrere Personen durch den Einsatz von eingebrachten Mitteln gemeinsam ein Ziel verfolgen. Diese Gesellschaftsform wird auch in den Niederlanden als Form der Zusammenarbeit in den freien Berufen gewählt, ist aber nicht hierauf beschränkt.[9]

Für die Organisation der *Maatschap* gilt Vertragsfreiheit; mangels vertraglicher Regelung wird der Gewinn nach dem Verhältnis des Wertes der Einlagen bestimmt. Wer nur seine Arbeit eingebracht hat, erhält den gleichen Anteil wie derjenige, der die geringste Kapitaleinlage erbracht hat (Art. 7a:1670 II BW). Zwingend darf kein Gesellschafter von der Beteiligung am Gewinn ausgeschlossen sein; wohl kann ein Gesellschafter alle Verluste tragen.

Die Gesellschafterstellung ist höchstpersönlich. Bei der Verwaltung werden die laufenden und die bedeutenderen, eingreifenderen Geschäfte unterschieden. Die niederländische Terminologie fasst erstere als *beheer* und letztere als *beschikking* zusammen. Diese Unterscheidung fällt also nicht mit dem Unterschied zwischen "Verwaltung" und "Verfügung" zusammen, die im übrigen Recht gilt. Zum *beheer* sind vorbehaltlich abweichender Regelung im Vertrag alle Gesellschafter befugt, die *beschikking* steht allen Gesellschaftern gemeinsam zu.

---

[8] Vgl. Wolfgang Mincke: a.a.O., S. 211.
[9] Vgl. Wolfgang Mincke: a.a.O., S. 212.

Um die Gesellschaft im Außenverhältnis verpflichten zu können, muss ein Gesellschafter von den übrigen Gesellschaftern bevollmächtigt sein oder sein Handel muss nachträglich von ihnen genehmigt werden. Es genügt, wenn die übrigen Gesellschafter nach außen den Schein einer Bevollmächtigung geweckt haben. Es genügt auch, dass das Handeln des Gesellschafters, der für die Gesellschaft aufgetreten ist, für die Gesellschaft vorteilhaft gewesen ist (Art. 7a:1681 BW). Die Gesellschafter haften nicht gesamtschuldnerisch, sondern nach Köpfen zu gleichen Teilen (Art. 7a:1681).

Die *maatschap* ist keine juristische Person; sie kann deshalb auch nicht Prozesspartei sein. Der hohe Rat hat es aber zugelassen, dass eine *maatschap* sowohl klagen als auch verklagt werden kann, wenn sie in der Öffentlichkeit unter einem gemeinsamen Namen tätig ist [HR vom 5.11. 1976, NJ 1977, 586]. Das Urteil wirkt dann gegen alle Gesellschafter.

4.3 *Vennootschap onder firma (v.o.f)*

Die *v.o.f.* ist im *Wetboek van Koophandel* geregelt (Art. 15 ff. WvK) und dadurch gekennzeichnet, dass sie mit zwei oder mehr Gesellschaftern, die nach außen unter einer gemeinsamen Bezeichnung auftreten, ein Unternehmen betreibt (art. 16 WvK). Auf die *v.o.f.* sind die Regeln über die *maatschap* anwendbar, soweit das Gesetz nicht besondere Regeln enthält. Die Gesellschaft entsteht durch einen Gesellschaftsvertrag, der nach dem Gesetz schriftlich oder notariell (*authentiek*) zu sein hat (Art. 22 WvK). Diese Urkunde dient allerdings vor allem Beweiszwecken; das Entstehen der Gesellschaft ist davon nicht abhängig (HR vom 24. 12.1976, NJ

1978, 431). Die Gesellschafter sind verpflichtet, die *v.o.f.* im Handelsregister eintragen zu lassen.[10]

Die *v.o.f.* hat ein vom Vermögen der Gesellschafter getrenntes eigenes Vermögen. Privatgläubiger der Gesellschafter haben während des Bestehens der Gesellschaft keinen Zugriff auf das Gesellschaftsvermögen. Die v.o.f. ist dadurch in gewissem Maße verselbständigt. Sie kann als Prozesspartei auftreten (Art. 4 IV, 5 II Rv) und ist konkursfähig (Art. 1, 4 II, 6 Fw).

In der *v.o.f.* ist jeder Gesellschafter vertretungsbefugt (Art. 17 WvK). Dieser Grundsatz steht unter zwei Beschränkungen: Die Vertretungsbefugnis gilt nur für Geschäfte, die dem Gesellschaftszweck dienen, und die Vertretungsbefugnis darf nicht beschränkt sein. Die letztere Beschränkung gilt nur, wenn sie in das Handelsregister eingetragen ist (Art. 29 WvK).

Die Gesellschafter der *v.o.f.* sind gesamtschuldnerisch für Schulden der Gesellschaft haftbar (*hoofdelijk aansprakelijk*). Es haften alle Gesellschafter, nicht nur die Vertretungsbefugten. Diese Gesamtschuldnerschaft ist zwingend vorgeschrieben. Den Gläubigern stehen damit für die Haftung die Privatvermögen aller Gesellschafter und das Gesellschaftsvermögen zur Verfügung. Der Konkurs der Gesellschaft erstreckt sich auf das Privatvermögen der Gesellschafter. Den Gesellschaftsgläubigern dient als Masse zunächst das Gesellschaftsvermögen und danach für einen unbefriedigten Rest zusammen mit den Privatgläubigern das Privatvermögen.

---

[10] Vgl. Wolfgang Mincke: a.a.O., S. 213.

4.4 Commanditaire vennootschap (CV)

Die *CV* ist nicht gesondert geregelt, sondern in die (auch nicht umfangreiche) Regelung der *v.o.f.* eingefügt. Der Kommanditist heißt *commanditaire* oder auch *stil vennoot*, der persönliche haftende Komplementär *beherende vennoot*. Die Komplementäre führen die Geschäfte der Gesellschaft und haften gesamtschuldnerisch für Gesellschaftsschulden.[11] In der *CV* gilt eine strenge Rechtsscheinshaftung: Sobald ein Kommanditist sich in die Geschäftsführung einmischt, haftet er wie ein Komplementär persönlich. Der Kommanditist haftet auch persönlich, wenn sein Name in der Firma der *CV* geführt wird (Art. 21 WvK).

Für die Errichtung der *CV* gelten dieselbe Regeln wie für die *v.o.f.*, ebenso wie ihre Prozess- und Konkursfähigkeit. Im Konkurs gilt für die Komplementäre dasselbe wie für Gesellschafter der *v.o.f.* Den Kommanditisten erfasst der Konkurs nicht; er steht aber als *post-concurrent schuldeiser* hinter den Gesellschaftsgläubigern und erhält seine Einlage erst zurück, wenn alle Gesellschaftsgläubiger befriedigt sind.

Die *CV* muss ins Handelsregister eingetragen werden, sie entsteht aber auch ohne diese Eintragung. Die Kommanditisten werden im Handelsregister nicht namentlich aufgeführt, nur ihre Zahl wird genannt und der Gesamtwert ihrer Einlagen (Art. 16 *Handelsregisterbeslui*t 1996).

Das niederländische Gesellschaftsrecht hat Schwierigkeiten mit der Kommanditistengesellschaft, die nur einen persönlich haftenden Gesellschafter hat. Nach der Definition der Gesellschaft ist das Zusammenwirken mehrerer erforderlich. Konsequent liegt dann nicht einmal eine Gesellschaft vor, wenn neben einem tätigen Gesellschafter nur notwendig un-

[11] Vgl. Wolfgang Mincke: a.a.O., S. 214.

tätige Kommanditisten vorhanden sind. In der rechtlichen Behandlung führt dies zu der Besonderheit, dass der Kommanditgesellschaft mit nur einem persönlich haftenden Gesellschafter kein Sondervermögen zugestanden wird. Der Komplementär haftet primär mit seinem Privatvermögen. Dies wirkt aber im Konkurs nicht zugunsten der Kommanditisten; sie können ihren Anspruch nur nachrangig hinter Gesellschafts- und Privatgläubigern geltend machen.

4.5 Die *besloten vennootschap met beperkte aansprakelijkheid* und die *naamloze vennootschap* (NV)

Die *besloten vennootschap* (BV, deutsch: geschlossene Gesellschaft) und die *naamloze vennootschap* (NV, deutsch: namenlose Gesellschaft) werden in den Niederlanden näher beieinander gesehen. Das hat historische Gründe. Die BV ist in den Niederlanden nach internen Diskussionen erst auf Veranlassung der ersten Gesellschaftsrechtsrichtlinie der EWG aus dem Jahre 1971 geschaffen worden. Beide Gesellschaftsformen sind zusammen im 2. Buch des BW geregelt, im 4. Titel (Art. 64 ff.) und im 5. Titel (Art. 175 ff.), wobei im Recht der BV vielfach die Vorschriften des Aktienrechts wörtlich wiederholt werden (Vor der Einführung des 2. Buchs des BW bestand die Regelung der BV im *Wetboek van Koophandel* großenteils aus Verweisungen auf das Recht der NV). Bis dahin gab es nur die *naamloze vennootschap*. Diese konnte allerdings einen geschlossenen oder einen offenen Charakter haben und hiervon hing ab, ob sie verpflichtet war, ihre Jahresabschlüsse zu veröffentlichen oder nicht (vgl. den damaligen Art. 42c WvK). An diese Differenzierung konnte die Gesetzgebung bei der Schaffung der BV anschließen.

Der wesentliche Unterschied zwischen einer BV und einer NV besteht heute in der Art der Kapitalbeteiligung. Die NV kann Anteile als Namenspapiere (*aandelen op naam* – Namensaktien) oder als Inhaberpapiere (*aandelen aan toonder* – Inhaberaktien) ausgegeben. Die BV darf ihre Beteiligungen nicht verbriefen (Art. 2:175 BW). Die Anteile an einer BV dürfen auch nicht frei übertragbar sein. Um dies zu erreichen, schreibt das Gesetz vor, dass die Satzung eine entsprechende Bestimmung enthalten muss, eine sog. *Blokkeringsregeling* (Art. 2:195 BW). Wenn die Satzung nicht auch insoweit noch Beschränkungen enthält, kann ein Anteil an einer BV nur auf den Ehegatten, nächste Familienangehörige, andere Anteilseigner und auf die Gesellschaft selbst übertragen werden (Art. 2:195 II BW). Die *Blokkeringsregeling* kann so ausgestaltet sein, dass der Anteil bei einer Übertragung zunächst den übrigen Beteiligten angeboten werden muss oder dass die Gesellschaft der Übertragung zustimmen muss. Ganz ausschließen kann die Satzung die Übertragbarkeit nicht (Art. 2:195 VII BW).[12]

4.5.1 Errichtung der BV und der NV

Die BV und die NV entstehen durch einen notariellen Gründungsakt und einer ministeriellen Unbedenklichkeitserklärung (*verklaring van geen bezwaar*). Fehlt eine dieser beiden Voraussetzungen, entsteht die Gesellschaft nicht (Art. 2:4 I BW). Die ministerielle Erklärung hat nur drei Monate Gültigkeit, wenn sie vor der notariellen Gründung eingeholt wurde. Für die Unbedenklichkeitserklärung wird gem. Art 68 (für die NV) bzw. 179 BW (für die BV) untersucht, ob die Satzung der Gesellschaft mit dem Gesetz in Einklang steht (*statutenonderzoek*), ob die beteiligten Personen die Gewähr dafür bieten, dass die Gesellschaft nicht für rechtswidrige Ziele verwendet werden wird (*antecedentenonderzoek*)

---

[12] Vgl. Wolfgang Mincke: a.a.O., S. 215.

und, ob die Tätigkeiten der Gesellschaft Gläubiger benachteiligen wird. Die Gesellschaft muss nach Art. 2:69 I BW in das Handelsregister eingetragen werden.

Die Satzung der Gesellschaft muss die Angaben über ihren Namen enthalten sowie über den satzungsgemäßen Sitz in den Niederlanden, den Gesellschaftszweck, den Betrag des satzungsgemäßen Kapitals, Zahl und Art der Gesellschaftsanteile und Regelungen, wie die Gesellschaft bei Wegfall oder Verhinderung der Geschäftsführung geleitet werden soll. Für die BV ist zwingend im Gesetz vorgeschrieben, dass die Satzung eine sog. *Blokkeringsregeling*, d.h. eine Klausel enthält, durch welche die freie Übertragbarkeit der Anteile ausgeschlossen ist (Art. 2:195 BW).

In der Gründungsphase gilt eine strenge persönliche Haftung für die Gründer und die Geschäftsführung der Gesellschaft (die für BV und NV einheitlich *bestuur* oder *directie* genannt wird). Die Gründer haften gesamtschuldnerisch neben der Gesellschaft für Geschäfte, die sie vor der Entstehung der Gesellschaft vorgenommen haben, bis die entstandene Gesellschaft diese Geschäfte genehmigt. Auch wenn die Geschäfte genehmigt werden, haften die Gründer, wenn sie bei der Vornahme der Geschäfte wussten oder wissen mussten, dass die Gesellschaft ihre Verpflichtungen aus diesen Geschäften nicht erfüllen kann. Dieses Wissen wird vermutet, wenn die Gesellschaft innerhalb des ersten Jahres nach der Gründung in Konkurs geht (Art. 2:93 BW).

Die Geschäftsführer der BV oder der NV haften gesamtschuldnerisch neben der Gesellschaft für Geschäfte, die vorgenommen werden, bevor die Unterlagen zur Eintragung in das Handelsregister eingereicht sind und bevor ¼ des Grundkapitals (*geplaatst kapitaal*) eingezahlt ist, wobei wenigstens der Betrag des gesetzlichen Mindestkapitals erreicht werden muss (Art. 2:69 II BW). Das gesetzliche Mindestkapital beträgt 100.000 Gulden bzw. 45.000 Euro bei der NV und 40.000 Gulden bzw. 18.000 Euro bei der BV.

4.5.2 Organe der Gesellschaft

BV und NV haben drei Organe: die Jahreshauptversammlung (*algemene vergadering van de andeelhouders*), die Geschäftsführung (*bestuur, directie*) und den Aufsichtsrat (*raad van commissarissen*).[13]

Die Jahreshauptversammlung muss jährlich wenigsten einmal einberufen werden (2:108/218 BW). Sie ernennt und entlässt die Geschäftsführung und den Aufsichtsrat (Art. 2:132 ff./242 ff. BW), stellt die Jahresabschlüsse (*jaarsrukken*) fest und erteilt Entlastungen (*decharge*), bestimmt das Gehalt der Geschäftsführer, beschließt über Satzungsänderungen und die Auflösung der Gesellschaft und grundsätzlich auch über Kapitalerhöhungen soweit alle weiteren Punkte, die der Jahreshauptversammlung durch die Satzung übertragen sind. Die Geschäftsführung protokolliert die Beschlüsse (Art. 2:120 IV / 230 IV BW).

Die Geschäftsführung (*bestuur* oder *directie*) vertritt die Gesellschaft gerichtlich und außergerichtlich. Diese Macht kommt nicht nur der Geschäftsführung insgesamt, sondern auch jedem ihrer Mitglieder allein zu (Art. 2:130 / 240 BW). Wenn mehrere Geschäftsführer bestellt sind, kann die Satzung vorsehen, dass nur zwei oder mehr Geschäftsführer zusammen die Gesellschaft vertreten. Dritten kann eine solche Beschränkung nur entgegengehalten werden, wenn sie in das Handelsregister einge-

[13] Vgl. Wolfgang Mincke: a.a.O., S. 217.

tragen ist. Hinsichtlich der Art der Geschäfte, zu denen sie befugt sind, können die Geschäftsführer mit Außenwirkung nicht beschränkt werden. Intern können die Geschäftsführer der Gesellschaft schadensersatzpflichtig sein, wenn sie eine derartige Beschränkung überschreiten (Art. 2:9 BW). Die Vertretungsmacht der Geschäftsführung ist auch durch den Gesellschaftszweck beschränkt. Überschreitet ein Geschäftsführer die durch den Gesellschaftszweck gezogenen Grenzen und wusste die Gegenpartei dies oder musste sie dies wissen, so kann die Gesellschaft das Rechtsgeschäft anfechten (Art. 2:7 BW). Das Gesetz verlangt ausdrücklich keine Untersuchung durch die Gegenpartei; bei Zweifeln wird ihr aber anzuraten sein, sich Gewissheit zu verschaffen (den Tonkelaar 1998 (T & C BW) Art. 2:7 Anm. 3 a.E.). Dies gilt insbesondere, weil schon für die Frage, ob eine Überschreitung vorliegt, ein weiter Maßstab gilt, der alle Umstände des Einzelfalles berücksichtigt (HR vom 20.9.1996, NJ 1996, 149).

Grundsätzlich haften die Geschäftsführer für die Handlungen, die sie im Namen der Gesellschaft vornehmen, nicht persönlich. Im Jahre 1987 wurde in den Niederlanden aber im Rahmen einer sog. Missbrauchgesetzgebung (*derde misbruikswet* (stbl. 1986, 275) eine strenge Haftung der Geschäftsführung im Falle des Konkurses der Gesellschaft eingeführt. Die Geschäftsführer haften persönlich, wenn ihre Gesellschaft in Konkurs gerät und anzunehmen ist, dass ihre sichtlich (*kennelijk*) nicht hinreichende Aufgabenerfüllung den Konkurs (mit-) verursacht hat (Art. 2:138 / 248 BW). Die nicht hinreichende Erfüllung der Aufgaben wird (unwiderleglich) vermutet, wenn die Geschäftsführung ihre Pflicht zu einer geordneten Buchführung nicht erfüllt oder den Jahresabschluss zu spät vorgelegt hat. Hieran schließt sich die widerlegliche Vermutung an, dass diese Pflichtwidrigkeit Ursache für den Konkurs gewesen ist (Art.

2:138 II / 248 II BW). Jeder Geschäftsführer kann (und muss) sich durch den Nachweis entlasten, dass er an den betreffenden pflichtwidrigen Beschlüssen und ihrer Ausführung nicht teilgenommen hat.

Die Haftung trifft nicht nur die satzungsgemäßen Geschäftsführer. Ebenso verantwortlich ist jeder, der tatsächlich in der Gesellschaft seinen Einfluss geltend macht und dadurch die Beschlüsse der Geschäftsführung bestimmt (Art. 2:138 VII / 248 VII BW). Es ist nicht erforderlich, dass die betroffene Person eine Funktion in der Gesellschaft hat. In Frage kommen vor allem auch mächtige Anteilseigner und in Konzernen die Muttergesellschaft. Nach Art. 2:149 / 259 BW gilt die Haftung entsprechend auch für den Aufsichtsrat.

Die Haftung aus diesen Vorschriften kann auch im Falle ausländischer Gesellschafter greifen, sofern sie in den Niederlanden zur Körperschaftssteuer (*vennoozschapsbelasting*) herangezogen werden. Bei ihnen trifft die Haftung nicht die ausländische Geschäftsführung, sondern diejenigen, die in den Niederlanden die Geschäfte leiten (Art. 2:138 XI/248 IX BW).

Weder die BV noch die NV sind gesetzlich verpflichtet, einen Aufsichtsrat zu haben. Die Satzung der Gesellschaft kann aber einen Aufsichtsrat vorsehen. Dieser hat dann gesetzlich die Aufgabe, die Geschäftsführung zu beaufsichtigen und zu beraten (Art. 2:140 / 250 BW) und natürlich alle weiteren, ihm in der Satzung auferlegten Aufgaben. Einen Aufsichtsrat müssen aber die sog. Strukturgesellschaften haben (s.u. Rdn.441).

4.5.3 Übertragung von Anteilen

Die Inhaberaktien (*aandelen aan toonder*) einer NV werden nach allgemeinen sachrechtlichen Grundsätzen durch Übereignung der Papiere übertragen (s.o. Rdn.151). Die Übertragung anderer Anteile, Namensaktien (*aandelen op naam*) einer (nicht börsengängigen) NV und Anteile an einer BV (hierbei ist die gesetzlich vorgeschriebene *blokkeringsclausule* zu beachten, Art. 2:195 BW, s.o. Rdn 433) muss notariell beurkundet werden (Art. 2:86/196 BW). Beurkundet werden muss nur das sachenrechtlichte Geschäft (*levering*), nicht das Verpflichtungsgeschäft.

Hat ein Anteilseigner wenigstens 95% der Anteile an einer Gesellschaft, kann er die restlichen Anteile "auskaufen". Diesen Anspruch erhebt er beim Gerichtshof in Amsterdam, bei der *Ondernemingskamer* (Art. 2:91a /201a BW). Die Kammer kann den erzwungenen Kauf nur verweigern, wenn der Verkäufer hierdurch erhebliche finanzielle Nachteile erleidet, wenn seine Anteile mit besonderen Vorrechten verbunden sind oder wenn der Übernahmewillige früher auf sein Übernahmerecht verzichtet hat.[14]

4.6 „Strukturgesellschaft" (structuurvennootschap)

Das niederländische Gesellschaftsrecht hat besondere Bestimmungen für Gesellschaften. Eine BV oder NV gilt als groß, wenn sie laut Bilanz und Bericht ein Grundkapital und Reserven von mehr als 25 Millionen Gulden hat, wenn sie gesetzlich verpflichtet ist, einen Betriebsrat (*ondernemingsraad*) zu haben und wenn die Gesellschaft (oder eine abhängige Gesellschaft) wenigstens 100 in den Niederlanden tätige Arbeitnehmer hat (Art. 2:153 II/263 II BW). Es müssen alle drei Voraussetzungen gleichzeitig vorliegen. Die Strukturregelung gilt nicht für niederländische Holdinggesellschaften internationaler Konzerne, wenn die Mehr-

[14] Vgl. Wolfgang Mincke: a.a.O., S. 217.

heit der Arbeitnehmer im Ausland tätig ist. In abgeschwächter Form gilt die Regelung für niederländische Gesellschaften, wenn sich wenigstens die Hälfte des Grundkapitals und der Arbeitnehmer im Ausland befinden.

Die wichtigste Folge der Strukturregelung ist, dass die Gesellschaft einen Aufsichtsrat (*raad van commissarissen*) haben muss. Dieser Aufsichtsrat hat weitgehende Befugnisse; u.a. ernennt und entlässt er die Geschäftsführung /Art. 2:162 / 272 BW). Er muss die Gesellschafterversammlung hiervon unterrichten, ohne dass diese eine Einspruchsmöglichkeit hat. Der Aufsichtsrat ist für jeden Jahresabschluss zuständig; der Jahresabschluss muss von der Gesellschafterversammlung gebilligt werden, diese kann ihn aber nur akzeptieren oder ablehnen (Art. 2: 163 / 173 BW). Bei Ablehnung muss der Aufsichtsrat einen neuen Abschluss erstellen. Seine Zustimmung ist außerdem für eine große Zahl wichtiger Beschlüsse der Geschäftsführung erforderlich (s. Art. 2:164/274 BW).

Sofern kein Aufsichtsrat vorhanden ist, wird er von der Gesellschafterversammlung gewählt (wenn er nicht schon durch die Satzung bestimmt ist). Wenn ein Aufsichtsrat besteht, ergänzt er sich in der Strukturgesellschaft selbst durch Kooperation (Art. 2:158 f. / 268 f. BW). Die Gesellschafterversammlung kann nur Empfehlungen aussprechen und ist von geplanten Ernennungen zu unterrichten. Sie kann aber ein vom Aufsichtsrat vorgeschlagenes Mitglied ablehnen. Diese Befugnis hat auch der Betriebsrat.[15]

4.7 Verein (vereniging)

In den Niederlanden sind Vereine grundsätzlich Rechtssubjekte (Art.

---

[15] Vgl. Wolfgang Mincke: a.a.O., S. 219.

2:26 BW). Es bestehen nebeneinander der "formelle" (Art. 2:27 BW) und der "informelle Verein" (Art. 2:30 BW – formelle und informelle *vereniging*). Der formelle Verein hat volle Rechtsfähigkeit, der informell hat nur eine "beschränkte Rechtsfähigkeit" (*beperkte rechtsbevoegdheit*). Regelmäßig sind die Vereine auch in den Niederlanden Idealvereine. Sie können aber auch auf Gewinnerzielung angelegt sein; ausgeschlossen ist als Vereinszweck nur, dass der Gewinn an die Vereinsmitglieder ausgeschüttet werden soll (Art. 2:26 III BW). Hierfür steht die Coöperatie (s.u.) zur Verfügung.[16]

Die Gründung des formellen Vereins wird notariell beurkundet; der Verein wird in das bei der *Kamer van Koophandel en Fabrieken* geführte Register unter Hinterlegung der Vereinssatzung eingetragen. Der informelle Verein wird ohne notarielle Beurkundung gegründet, privatschriftlich oder auch mündlich. Auch der informelle Verein kann aber eingetragen werden, dazu besteht allerdings keine Verpflichtung. Ein wesentlicher Unterschied zwischen den Arten des Vereins besteht bei der Haftung; der Vorstand des informellen Vereins haftet grundsätzlich persönlich und gesamtschuldnerisch neben dem Verein. Ist er im Handelsregister eingetragen, haftet der Vorstand erst nachrangig nach dem Verein (Art. 2:30 IV BW). Außerdem kann der informelle Verein keine Registergüter (s.o. Rdn. 115) erwerben und nicht als Erbe eingesetzt werden.

Grundsätzlich wird der Verein durch den Gesamtvorstand vertreten, die Satzung kann aber auch einzelnen oder mehreren Mitgliedern des Vorstandes Vertretungsmacht geben. Die Vertretungsmacht ist gegenüber Dritten unbeschränkt (Art. 2:45 III BW).

---

[16] Vgl. Wolfgang Mincke: a.a.O., S. 220.

Der Verein wird intern durch die Mitgliederversammlung kontrolliert, die wenigstens einmal jährlich, sonst auf Einladung des Vorstandes oder eines in der Satzung festgelegten Quorums der Mitglieder stattfindet. Die Satzung kann auch einen Beirat (*commissarissen*) vorsehen, der das finanzielle Gebaren des Vorstandes kontrolliert.

4.8 Genossenschaft (*coöperatie*) und Versicherungsverein auf Gegenseitigkeit (*onderlinge waarborgmaatschappij*)

Gesellschaftszweck der *coöperatie* ist die Versorgung ihrer Mitglieder mit materiellen Gütern (Art. 2:53 BW). Im Übrigen folgt die gesetzliche Regelung der *coöperatie* weitgehend der des Vereins.[17] Die *Coöperatie* erfüllt ihren Versorgungszweck dadurch, dass sie durch das von ihr betriebene Unternehmen Verträge mit den Mitgliedern schließt. Sie kann Verträge auch mit Nichtmitgliedern abschließen, wenn die Satzung dies zulässt; dabei darf die Versorgung der Mitglieder aber nicht in den Hintergrund treten.

Die *coöperatie* ist eine juristische Person. Entgegen der Regel einer strikten Trennung der Haftung der juristischen Person und ihrer Mitglieder, können in der *coöperatie* auch die Mitglieder für die Schulden der Gesellschaft haften; dadurch soll ihr ein größeres Kreditvolumen eröffnet werden. Diese Haftung wird aber erst bei der Liquidation der *coöperatie* verwirklicht. Die Haftung kann allerdings in der Satzung auch ganz oder teilweise (beschränkt auf einen Höchstbetrag) ausgeschlossen werden (Art. 2:56 BW). Die *coöperatie* muss in ihrer Firma diesen Begriff führen und außerdem am Ende die Art der Mitgliederhaftung bezeichnen: mit gesetzlicher Haftung (WA – *wettlijke aansprakelijkheid*), mit beschränk-

[17] Vgl. Wolfgang Mincke: a.a.O., S. 220.

ter Haftung (BA – *beperkte aansprakelijkheid*) oder ohne Haftung (UA, *uitgesloten aansprakelijkheid*).

Die Gründung der *coöperatie* (durch wenigstens zwei natürliche oder juristische Personen) und jede Satzungsänderung müssen notariell beurkundet werden. Eine ministerielle Unbedenklichkeitserklärung ist nicht erforderlich. Sie ist in das Handelsregister einzutragen. Handelt der Vorstand vor der Eintragung, haftet er gesamtschuldnerisch neben der Gesellschaft. Beim Handelsregister liegt eine vom Vorstand bestätigte Mitgliederliste aus (Art. 2:61 d BW).

Für den Versicherungsverein auf Gegenseitigkeit gilt weitestgehend das Recht der *coöperatie*, und sie ist im Gesetz mit dieser zusammen geregelt (Art. 2:53 II BW). In der niederländischen Bezeichnung wird dies nicht deutlich, aber ihr Zweck ist ausschließlich die Versicherung ihrer Mitglieder. Auch in dieser Vereinigung haften die Mitglieder wie in der *coöperatie*, wenn die Haftung nicht durch Satzung beschränkt oder ausgeschlossen ist. Die Versicherten sind grundsätzlich zugleich Mitglieder und sind am Gewinn beteiligt. Verträge mit Nichtmitgliedern kann der Versicherungsverein nur schließen, wenn dies in der Satzung vorgesehen ist und wenn zugleich die Haftung der Mitglieder ausgeschlossen ist (Art. 2:53 III BW).

Für die große *coöperatie* ebenso wie für den großen Versicherungsverein auf Gegenseitigkeit gilt eine beschränkte Strukturregelung (s.o). Ernennung und Entlassung der Vorstände bleiben hier Aufgabe der Mitgliederversammlung.

4.9 Stiftung (stichting)

Erleichterung der Errichtung: Sie kann ohne ministerielle Aufsicht oder andere Genehmigungen durch notarielle Urkunde oder öffentliches Testament (s.o. Rdn. 352 ff.) erreicht werden (Art. 2:286 BW). Auch die Stiftung ist in das Handelsregister unter Einreichung der Gründungsurkunde und der Satzung einzutragen.[18]

Die Stiftung darf Gewinne erzielen, sie darf aber – außer Pensions- und Gehaltszahlungen – keine Ausschüttungen an Gründer oder Personen machen, die als ihre Organe tätig sind. Dritten darf sie Zuwendungen machen, soweit sie ideell oder sozial motiviert sind (Art. 2:285 BW). Verstößt die Stiftung gegen dieses Gebot, kann die Staatsanwaltschaft ihre Auflösung beantragen.

Registergüter (s.o. Rdn. 115) darf die Stiftung nur erwerben und sie darf Dritten nur Sicherheit bieten, wenn dies in der Satzung vorgesehen ist. Der Vorstand ist entsprechend in seiner Vertretungsmacht beschränkt (Art. 2:291 BW).

---

[18] Vgl. Wolfgang Mincke: a.a.O., S. 221.

5 Länderspezifische Besonderheit - Enqueterecht (*rechts van enquete*)

Das *Recht van enquete* ist eine Besonderheit des niederländischen Gesellschaftsrechts. Es gibt die Möglichkeit, in Unternehmen (NV, BV, *coöperatie, onderlinge waarborgmaatschappij*) – vor allem, aber nicht ausschließlich – die finanziellen Verhältnisse überprüfen zu lassen. Für die Überprüfung ist die Unternehmenskammer (*ondernemigskamer*) beim Gerichtshof in Amsterdam zuständig, die einen oder mehrere *enqueteurs* bestellt. Die Untersuchung können Mitglieder oder Anteilseigener beantragen, die nach Zahl oder Beteiligung eine erheblichen – gesetzlich geregelten – Anteil am Unternehmen haben, außerdem Gewerkschaften und alle, denen diese Befugnis durch die Satzung des Unternehmens zugestanden ist (Art. 2:346 f. BW). Daneben kann auch der Generalanwalt (*procureurgeneraal*) beim Gerichtshof in Amsterdam im Allgemeininteresse eine Untersuchung veranlassen.[19]

Im Rahmen der *enquete* können vorläufige Maßnahmen ergriffen werden, die *enqueteurs* haben weitgehende Einsichtsrechte in die Unterlagen des Unternehmens. Sie können Vorstände, Aufsichtsräte und Arbeitnehmer anhören, die verpflichtet sind, ihnen Auskünfte zu erteilen. Sie können Zeugen durch die Unternehmenskammer verhören lassen. Ziel der Untersuchung ist es festzustellen, ob Fehler bei der Unternehmensleitung (*wanbeleid*) vorhanden sind. Allgemeine Kriterien, wann eine Unternehmensleistung mangelhaft ist, sind schwer zu nennen. Es ist der Rechtsprechung überlassen, die Kriterien zu entwickeln. Über *enquete* wird ein Bericht erstellt. Aufgrund des Berichts kann die Unternehmenskammer verschiedene Maßnahmen ergreifen: Sie kann Beschlüsse

[19] Vgl. Wolfgang Mincke: a.a.O., S. 222.

von Organen des Unternehmens aussetzen oder aufheben, sie kann Vorstände und Aufsichtsräte entlassen und für begrenzte Zeit aussetzen, Gesellschaftsanteile unter Verwaltung stellen und kann schließlich sogar die Gesellschaft auflösen (Art. 2:356 BW). Über die Dauer der Maßnahmen entscheidet die Unternehmenskammer.

6 Entwicklung des schweizerischen Gesellschaftsrechts

Die Entwicklung des schweizerischen Gesellschaftsrechts findet seinen Ursprung in den Verfassungen von 1798 und 1802 dank der Einführung der Handels- und Gewerbefreiheit.[20]

Die ersten Gesetze zum Gesellschaftsrecht wurden bereits im Jahr 1820 entworfen; aber die Kantone entwickelten keine einheitliche Gesetzgebung. Folglich waren die geltenden Gesetze sowie deren Entwicklungen von Kanton zu Kanton unterschiedlich. So war bspw. in manchen Kantonen eine staatliche Bewilligung zur Schaffung einer Gesellschaft erforderlich.[21]

Der Grundriss des heutigen schweizerischen Gesellschaftsrechts geht auf den Entwurf von Walter Munziger aus dem Jahre 1864 zurück, der vom Bundesrat für eine „Harmonisierung durch ein Konkordat zwischen den Kantonen“[22] beauftragt wurde. Hieraus entstand 1881 das „eidg. Obligationenrecht“[23]. Dieses war z. B. durch die Abschaffung der staatlichen Bewilligung bei der Gründung von Gesellschaften gekennzeichnet.

Eine Modifizierung, vor allem mit der Einführung der Gesellschaft mit beschränkter Haftung, fand im Jahre 1936 statt. Abgesehen von einigen Änderungen für die Aktiengesellschaften im Jahre 1991 sowie einige Verbesserungen, ist die heutige Fassung des Obligationenrechts (OR) eine Anpassung aus dem Jahr 1936.[24]

---

[20] Vgl. Roland Ruedin: http://www.lexhist.ch/externe/protect/textes/d/D27305.html, Gesellschaftsrecht, (13.05.04), S.1-2.
[21] Vgl. Roland Ruedin: a.a.O., S. 1-2.
[22] Vgl. Roland Ruedin: a.a.O., S. 1-2.
[23] Vgl. Roland Ruedin: a.a.O., S. 1-2.
[24] Vgl. Roland Ruedin: a.a.O., S. 1-2.

7 Die schweizerischen Gesellschaftsformen

Das eidgenössische Gesellschaftsrecht stellt den Interessierten nicht nur eine bestimmte Zahl von Gesellschaftsformen zur Verfügung, sondern schränkt auch gleichzeitig die inhaltliche bzw. gesellschaftsrechtliche Gestaltungsfreiheit ein. Man spricht von „Formzwang“ und „Formfixierung“.[25]

In der Schweiz werden nur folgende Gesellschaftsformen (die sich in zwei Grundstrukturen eingliedern lassen) zugelassen:[26]

- Die Aktiengesellschaft
- Die Kommanditaktiengesellschaft
- Die Gesellschaft mit beschränkter Haftung
- Die Genossenschaft
- Der Verein
- Die Kollektivgesellschaft
- Die Kommanditgesellschaft
- Die einfache Gesellschaft

Diese Einschränkung dient vor allem dem Gläubiger-, Verkehrs- und Minderheitenschutz.[27]

Jede der oben dargestellten Gesellschaftsformen zählt entweder zu den Körperschaften oder zu den Rechtsgemeinschaften. Unter Körperschaften versteht man solche Gesellschaften, die analog zu den natürlichen Personen Träger von Rechten und Pflichten sind. Sie haben als juristische Personen eine eigene Rechtspersönlichkeit und können somit klagen oder

---

[25] Arthur Meier-Hayoz/Peter Forstmoser: Grundriss des schweizerischen Gesellschaftsrechts, S. 191.
[26] Vgl. Arthur Meier-Hayoz/Peter Forstmoser: a.a.O., S. 191 i.V.m. S. 23.
[27] Vgl. Arthur Meier-Hayoz/Peter Forstmoser: a.a.O., S. 192.

verklagt werden. Sie werden auch als kapitalbezogene Gesellschaften bezeichnet. Weitere Kennzeichen der Körperschaften drücken sich dadurch aus, dass das Gesellschaftsvermögen bzw. das Kapital die Haftungsgrundlage darstellt, d.h. das Gesellschaftsvermögen steht der Gesellschaft allein zu.[28] Hierunter fallen die Aktiengesellschaften, die Kommanditaktiengesellschaften, die Gesellschaft mit beschränkter Haftung, die Genossenschaft und der Verein.

Rechtsgemeinschaften, auch Personengemeinschaften genannt, „(...) sind Zusammenschlüsse mehrerer Personen, bei denen Rechte und Pflichten der Gemeinschaft zustehen, (…)“.[29] Sie haben jedoch als Gesellschaft weder eigene Rechtsträgerschaft noch Rechtspersönlichkeit. Die Mitglieder haben gemeinschaftlich die Rechte am Gesellschaftsvermögen.

Man unterscheidet drei Arten von Personengesellschaften: die einfache, die Kollektiv- und die Kommanditgesellschaft.[30]

7.1 Die Aktiengesellschaft (AG), OR 620 ff (Körperschaften)

Geregelt in Art. 620-761 OR, gilt die Aktiengesellschaft als rein kapitalbezogene Gesellschaft.[31] Sie ist sowohl von innen als auch nach außen eine Rechtsperson mit Rechten und Pflichten.[32] Die verfolgten Zwecke einer Aktiengesellschaft können gleichermaßen wirtschaftlich und/oder ideell sein.[33]

[28] Vgl. Martina Wittibschlager: a.a.O., S. 190.
[29] Vgl. Martina Wittibschlager: a.a.O., S. 190.
[30] Vgl. Martina Wittibschlager: a.a.O., S. 190.
[31] Vgl. Martina Wittibschlager: a.a.O. Recht, S. 193.
[32] Vgl. Arthur Meier-Hayoz/Peter Forstmoser: a.a.O., S. 266.
[33] Vgl. Martina Wittibschlager: a.a.O., S. 194.

Gemäß Art. 620 OR ist die Aktiengesellschaft eine Gesellschaft mit eigener Firma, die über ein im Voraus bestimmtes, jedoch in Teilsummen zerlegtes Aktienkapital („mindestens Fr. 100.000.-„)[34] verfügt. Das Gesellschaftsvermögen stellt die Haftungsgrundlage dar.[35] Dies bedeutet, dass die AG als solche den Gesellschaftsgläubigern gegenüber verpflichtet ist.

7.1.1 Die Mitgliedschaft

Die AG-Mitgliedschaft bezieht sich nur auf die finanzielle Beteiligung (Aktien) des Gesellschafters und ist gegeben, wenn ein Interessent eine oder mehrere Aktien unterzeichnet (vor allem wenn die AG sich noch in der Gründungsphase befindet).

Der Umfang der jeweiligen Beteiligung bestimmt zwar die vermögensmäßigen Rechte des Aktionärs (u.a. Rechte auf Dividende, Bezugsrechte, Rechte auf Liquidationsquote); hat aber keinen Einfluss auf seine nichtvermögensmäßigen Rechte (z.B. Mitwirkungs- und Schutzrechte). Der Aktionär unterliegt ausschließlich der Liberierungspflicht.[36]

Nach der Gründung ist jeder Aktionärswechsel, d.h. Neueintritt bzw. Austritt, grundsätzlich zulässig, allerdings fast nur durch Mitgliedschaftsübertragung möglich. Der Gesetzgeber will hierdurch eine mögliche Änderung der gesetzlich vorgeschriebenen Grundausstattung der AG (d.h. ihr festes Aktienkapital) verhindern. In diesem Sinne kann ein Austritt, der zu einer Kapitalherabsetzung führen kann, abgelehnt werden; es sei

[34] Vgl. Martina Wittibschlager: a.a.O. Recht, S.194.

[35] http://www.advokatur.ch/gruend.html: Gesellschaftsrecht, Gründungen, (11.05.04); auch vgl. Martina Wittibschlager: a.a.O., S. 194.

[36] Vgl: Arthur Meier-Hayoz/Peter Forstmoser: a.a.O., S. 280-296, 303.

denn der Austretende findet einen Beitrittswilligen, an dem er seine Aktien übergibt.[37] Grundsätzlich genügt zum Mitgliedschaftserwerb einen Besitzübergang der Aktien und die Eintragung in das Aktienbuch. Zusätzliche Bedingungen hängen von der Art der Aktien ab, z.B. bedarf der Besitzübergang an „Ordrepapieren“ eines zusätzlichen Indossaments; „Rektaaktien“ bzw. „Nicht wertpapiermäßig verbriefte Aktien“ werden bzw. können nur mit einer Zession übertragen werden.[38]

Ein wirksamer Aktienerwerb bedarf gem. Art. 685d. OR einer Offenlegung, d.h. einer ausdrücklichen Erklärung des Erwerbers, dass er im eigenen Namen und auf eigene Rechnung die Aktien erwirbt; sonst wird er als Aktionär nicht zugelassen. Die Ausnahme ist der Aktienerwerb durch einen Erbgang, eine Erbteilung und ein eheliches Güterrecht.[39]

7.1.2 Die Entstehung der Gesellschaft

Das Gesetz sieht bei der Entstehung einer Aktiengesellschaft zwei wichtige Gründungsphasen vor. (1) Die Errichtung der Aktiengesellschaft wird in den Art. 629 und Art. 635a OR geregelt: Gemäß Art. 629 OR müssen die Gründer einer Aktiengesellschaft ihre Willenserklärung öffentlich beurkunden lassen. Der sog. Errichtungsakt dient den Gründern, neben der Festlegung der Statuten und der Bestellung der Organe,[40] im Sinne vom Art. 631 OR zu prüfen und bestätigen, dass alle gesetzlichen Formvorschriften (z.B. gültige Aktienzeichnung gem. Art. 630 OR; die Einzahlung des Aktienkapitals i.H.v. Fr. 100.000,- bzw. 65.707,3

[37] Vgl. Martina Wittibschlager: a.a.O., S. 197; auch vgl. Arthur Meier-Hayoz/Peter Forstmoser: a.a.O., S. 303.
[38] Vgl. Martina Wittibschlager: a.a.O., S. 197.
[39] Vgl. Martina Wittibschlager: a.a.O., S. 197.
[40] http://www.advokatur.ch/gruend.html: Gesellschaftsrecht, Gründungen, (11.05.04).

EUR nach Art. 629 OR) einbehalten worden sind.[41] Allerdings sieht Art. 632 OR eine Mindesteinlage i.H.v. 50.000.- Franken bzw. 38.853,7 EUR (d.h. mindestens 20% des Nennwertes jeder Aktie) als ausreichend für die Errichtung der Gesellschaft vor.[42]

(2) Liegen all diese Unterlagen vor, so ist nun die Gesellschaft in das Handelsregister einzutragen. Die Gesellschaft entsteht gem. Art. 643 OR mit der Eintragung in das Handelsregister und zwar gem. Art. 640 OR in das Handelsregister des Ortes, an dem die Gesellschaft ihren Sitz hat.[43] Sitzort (innerhalb der Schweiz) sowie Firma ist frei wählbar.[44] Der Inhalt der Eintragung richtet sich nach dem Art. 641 OR. Nach OR 643 II erwirbt die Gesellschaft ihre Persönlichkeit (d.h. Träger von Rechten und Pflichten) Kraft Eintragung – und zwar auch beim Vorliegen von mangelnden Voraussetzungen; es sei denn, es handelt sich dabei um gesetzliche oder statutarische Mängel, die die Interessen der Aktionäre oder Gläubiger erheblich beeinträchtigen.[45] Ist dies der Fall, so sind die Betroffenen berechtigt, die Gesellschaft innerhalb einer gesetzlich festgelegten Frist von drei Monaten nach der öffentlichen Bekanntmachung (OR 643 IV: Erlöschen des Klagerechtes) aufzulösen.[46]

Werden Aktien vor der Eintragung ausgegeben, sind diese nichtig. Allerdings haftet der/die Handelnde, wenn dadurch Schäden entstanden sind (OR 644). Ebenso sieht das Gesetz eine persönliche und solidarische Haftung vor, wenn vor der Handelsregistereintragung Personen im Namen der Gesellschaft gehandelt haben; es sei denn die Handelnden hatten aus-

---

[41] http://www.advokatur.ch/gruend.html: Gesellschaftsrecht, Gründungen, (11.05.04).
[42] Martina Wittibschlager: a.a.O. Recht, S.194.
[43] http://www.advokatur.ch/gruend.html: Gesellschaftsrecht, Gründungen, (11.05.04).
[44] Vgl. Martina Wittibschlager: a.a.O., S.194.
[45] Vgl. OR 643 III.
[46] http://www.advokatur.ch/gruend.html: Gesellschaftsrecht, Gründungen, (11.05.04).

drücklich darauf hingewiesen, dass sich die Gesellschaft noch in der Gründungsphase befindet (OR 645).[47]

7.1.3 Die Organisation der Aktiengesellschaft

Die **Generalversammlung** der Aktionäre, geregelt in O.R. 698 ff., ist das oberste Organ der Aktiengesellschaft. Sie ist dazu befugt u.a. die Statuten festzusetzen bzw. zu ändern; die Gewinnverwendung zu beschließen; Mitglieder des Verwaltungsrates und der Revisionsstelle zu wählen.[48]

Die Generalversammlung beschließt jede Aktienkapitaländerung (Erhöhung bzw. Herabsetzung). Im Falle einer ordentlichen Kapitalerhöhung muss der Beschluss, der u.a. Angaben über die Anzahl, den Nennwert, die Art der Aktien, den gesamten Nennbetrag (um den das Aktienkapital erhöht werden soll), etc. enthalten muss, öffentlich beurkundet werden.[49] Handelt es sich jedoch um eine genehmigte Kapitalerhöhung, kann die Generalversammlung durch Statutenänderung den Verwaltungsrat dazu ermächtigen, binnen einer maximalen Frist von zwei Jahren das Aktienkapital zu erhöhen (OR 651).[50]

Im Normalfall versammeln sich die Aktionäre einmal jährlich innerhalb von sechs Monaten nach Abschluss des Geschäftsjahres (OR 699 II). Sie werden dann durch den Verwaltungsrat einberufen.

Ein zehnprozentiger Besitz des Aktienkapitals durch ein oder mehrere Aktionäre berechtigt ihn/sie auch zur Einberufung einer Generalversam-

---

[47] http://www.advokatur.ch/gruend.html: Gesellschaftsrecht, Gründungen (11.05.04).
[48] Vgl. Martina Wittibschlager: a.a.O., S. 195.
[49] Vgl. Martina Wittibschlager: a.a.O., S. 196 i.V.m. http://www.advokatur.ch/gruend.html: Gesellschaftsrecht, Gründungen, (11.05.04).
[50] http://www.advokatur.ch/gruend.html: Gesellschaftsrecht, Gründungen (11.05.04).

mlung (OR 699 III).[51] Wenn erforderlich, kann die Revisionsstelle eine außerordentliche Generalversammlung einberufen.[52] Ähnlich muss der Verwaltungsrat handeln, sobald festgestellt wird, dass die Hälfte des Aktienkapitals nicht mehr gedeckt wird.[53] Es wird grundsätzlich mit der absoluten Mehrheit, jedoch bei wichtigen Geschäften mit qualitativer Mehrheit, beschlossen.[54]

Der **Verwaltungsrat** gemäß OR 707 II ist das geschäftsführende bzw. „Aufsichts-Organ"[55] der Aktiengesellschaft und als solcher vertritt er die Gesellschaft nach Außen und übernimmt nach Innen zum Teil die Aufsichtsfunktion.[56] Seine Mitglieder müssen Aktionäre und natürliche Personen sein (OR 707 I, III)[57] und werden in der Regel für mindestens drei bis maximal sechs Jahre durch die Aktionäre (Generalversammlung) gewählt.[58] „(...), jedes Mitglied ist nach OR 718a grundsätzlich zu allen Rechtsverhandlungen ermächtigt, die der Gesellschaftszweck mit sich bringen kann"[59], z.B. die Durchführung der durch die Generalversammlung beschlossenen ordentlichen Kapitalerhöhung.[60] Diese soll innerhalb von drei Monaten stattfinden.[61]

Die Geschäftsführung kann praktisch an ein bzw. mehrere Verwaltungsratsmitglieder oder sogar an einen Dritten übertragen werden; wichtig ist

---

[51] http://www.advokatur.ch/gruend.html: Gesellschaftsrecht, Gründungen, (11.05.04).
[52] Vgl. Martina Wittibschlager: a.a.O., S. 195.
[53] Vgl. ArthurMeier-Hayoz/Peter Forstmoser: a.a.O., S. 274.
[54] Vgl. Martina Wittibschlager: a.a.O., S. 195.
[55] Martina Wittibschlager: a.a.O., S. 195.
[56] Vgl. Martina Wittibschlager: a.a.O., S. 195-196.
[57] http://www.advokatur.ch/gruend.html: Gesellschaftsrecht, Gründungen (11.05.04).
[58] http://www.advokatur.ch/gruend.html: Gesellschaftsrecht, Gründungen (11.05.04).
[59] Martina Wittibschlager: a.a.O., S. 195.
[60] Vgl. Martina Wittibschlager: a.a.O., S. 196.
[61] http://www.advokatur.ch/gruend.html: Gesellschaftsrecht, Gründungen (11.05.04).

jedoch, dass dies in den Statuten verankert wird. Es wird mit der relativen Mehrheit beschlossen.[62]

Nach OR 754 haften die Mitglieder des Verwaltungsrates sowie Personen, die mit der Geschäftsführung oder Liquidation der Gesellschaft befasst sind, den einzelnen Aktionären sowie den Gesellschaftsgläubigern für jede absichtliche oder fahrlässige Pflichtverletzung (ein Fall von persönlicher Haftung).[63]

Die **Revisionsstelle** kann aus einer oder mehreren durch die Generalversammlung gewählten Personen (Revisoren) bestehen. Dabei muss mindestens ein „(...) Revisor seinen Wohnsitz, seinen Sitz oder eine eingetragene Zweigniederlassung (...)“ in der Schweiz haben (OR 727).[64]

Nach OR 728 kann auch die Revisionsstelle die Aufsichtsfunktion wahrnehmen. In diesem Sinne liegt dann ihre Aufgabe darin „(...) zu prüfen, ob Buchführung und Jahresrechnung sowie der Antrag über die Verwendung des Bilanzgewinns Gesetz und Statuten entsprechen, jedoch liegt ihre Zweckmäßigkeit nicht darin, die Geschäftsleitung zu untersuchen“.[65] Ihr Aufgabenbereich umfasst somit die Prüfung der Jahres- und Konzernrechnung, der Gründung, der Kapitalerhöhung oder Kapitalherabsetzung. Ferner muss sie der Generalversammlung über das Prüfungsergebnis schriftlich Bericht erstatten und Vorschläge machen (OR 729). Die Revisionsstelle unterliegt der Anzeige- sowie der Verschwiegenheitspflicht.[66] Im Gegensatz zu Verwaltungsratsmitgliedern können die Revisoren auch juristische Personen sein. Sie müssen nur die erforderlichen

---

[62] Vgl. Martina Wittibschlager: a.a.O., S. 195.
[63] Vgl. Martina Wittibschlager: a.a.O., S. 195.
[64] http://www.advokatur.ch/gruend.html: Gesellschaftsrecht, Gründungen, (11.05.04).
[65] Martina Wittibschlager: a.a.O., S. 196.
[66] Martina Wittibschlager: a.a.O., S. 196.

fachlichen Anforderungen (je nach Art oder Größe der Aktiengesellschaft durch den Bundesrat vorgeschrieben) erbringen.[67] Bei jeder fahrlässigen oder absichtlichen Pflichtverletzung haften die Revisoren gegenüber der Gesellschaft als auch den einzelnen Aktionären und Gesellschaftsgläubigern.[68]

7.1.4 Die Auflösung

Das Vorliegen von sachlich und objektiv schwerwiegenden Gründen gem. OR 736 führt zur Auflösung der Aktiengesellschaft. Es kann sich um folgende Gründe handeln:

- Konkurseröffnung
- richterliches Urteil
- Fusion
- Übernahme durch eine Körperschaft des öffentlichen Rechts
- Umwandlung in eine Gesellschaft mit beschränkter Haftung (GmbH)
- Beschluss durch Generalversammlung

Eine Auflösung durch Fusion, Umwandlung oder Übernahme führt jedoch zu keiner Liquidation.[69]

Im Falle einer Auflösung mit Liquidation (z.B. beim Konkurs) verliert die Gesellschaft weder ihre juristische Persönlichkeit noch ihre Firma;

---

[67] http://www.advokatur.ch/gruend.html: Gesellschaftsrecht, Gründungen, (13.05.04). Gemeint sind hier die börsennotierte AGs, Gesellschaft mit Anleiheobligationen, AGs, die über 2 Jahre lang Bilanzsumme von über Fr. 20.Mio. oder einen Umsatzerlös von Fr. 40. Mio. oder 200 Arbeitnehmer im Jahresdurchschnitt überschritten haben.

[68] Martina Wittibschlager: a.a.O., S. 196.

[69] Vgl. Martina Wittibschlager: a.a.O., S. 197.

allerdings muss sie mit dem Zusatz „in Liquidation“ so lange weitergeführt werden, bis alle Auseinandersetzungen auch mit den Aktionären durchgeführt sind.[70]

Mit dem Eintritt der Liquidation handeln die Organe der Gesellschaft nur noch beschränkt (OR 739). Gem. OR 737 ist die Auflösung der Gesellschaft eine eintragungspflichtige Tatsache, es sei denn, die AG wird wegen eines Konkurs oder eines richterlichen Urteils aufgelöst.[71]

7.2 Die Gesellschaft mit beschränkter Haftung (GmbH); OR 772 ff.

Die Literatur bezeichnet die GmbH eher als eine Mischform, denn sie enthält sowohl kapitalbezogene als auch personenbezogene Elemente:[72]

- Ein festes Stammkapital, eine eigene Firma (d.h. eigene Rechtspersönlichkeit), die rechtsgeschäftliche Übertragung der Mitgliedschaft (nach OR 791 II bedarf der Zustimmung von drei Viertel der Gesellschafter), verleihen der GmbH kapitalbezogenen Charakter.
- Die personenbezogenen Merkmale lassen sich u.a. durch das Prinzip der Selbstorganschaft, das Konkurrenzverbot für Gesellschafter, die Nachschusspflichten, die Gesellschafterausschluss- bzw. Gesellschafteraustrittmöglichkeit erkennen.[73]

---

[70] http://www.advokatur.ch/gruend.html: Gesellschaftsrecht, Gründungen, (13.05.04).
[71] http://www.advokatur.ch/gruend.html: Gesellschaftsrecht, Gründungen, (13.05.04).
[72] http://www.advokatur.ch/gruend.html: Gesellschaften, Gründungen, (13.05.04) i.V.m. Vgl. Martina Wittibschlager: a.a.O., SS. 197, 200.
[73] Vgl. Martina Wittibschlager: a.a.O., S. 197.

Die Verfolgung ausschließlich wirtschaftlicher Zwecke (OR 772 III), die beschränkte Haftung der Gesellschafter gegenüber den Gesellschaftsgläubigern (zuzüglich der Haftung des Gesellschaftsvermögen) sind weitere Charakteristika dieser Gesellschaftsform.[74]

7.2.1 Die Entstehung einer GmbH

Zur Gründung einer GmbH ist die Einhaltung einiger gesetzlicher Formvorschriften erforderlich:[75]

- Mindestens zwei Gesellschafter im Gründungsstadium (OR 772 i.V.m. OR 775); die Revision des GmbH-Rechts lässt die Gründung einer Ein-Mann-GmbH zu; er hat in diesem Fall nur noch ein Mindeststammkapital in Höhe von Fr. 40.000,- zu errichten.[76]
- Das gem. OR 772 erforderliche Stammkapital darf nach OR 773 mindestens Fr. 20.000,- (bzw. 13.141,5€) betragen, jedoch Fr. 2 Mio. nicht übersteigen.
- Die Errichtung durch jeden Gesellschafter von mindestens 50% seiner jeweiligen Stammeinlage (jeder darf aber nur eine Einlage haben), gem. OR 774, das auch Sacheinlagen zulässt, allerdings unter den Bedingungen des OR 779 IV.
- Die Eintragung der Gesellschaft in das Handelsregister ihres Sitzortes gem. OR 780; erst dadurch erlangt sie tatsächlich das Recht der Persönlichkeit (OR 783). Der Inhalt der Eintragung richtet sich nach OR 781.

---

[74] Vgl: Arthur Meier-Hayoz/Peter Forstmoser: a.a.O., S. 345.
[75] http://www.advokatur.ch/gruend.html: Gesellschaftsrecht, Gründungen, (13.05.04) i.V.m. Vgl. Martina Wittibschlager: a.a.O., S. 198.
[76] Vgl. Martina Wittibschlager: a.a.O., S. 197.

7.2.2 Die Organisation der GmbH

Grundsätzlich sind alle Gründungsgesellschafter zur gemeinsamen Führung der Gesellschaft berechtigt und sogar verpflichtet. Man spricht vom „Prinzip der Selbstorganschaft"[77] (OR 811).

Das Gesetz schreibt der GmbH folgende Organe vor:

- Die Gesellschafterversammlung gilt als das oberste Organ der GmbH. Beschlossen wird im Normalfall mit der absoluten Mehrheit der abgegebenen Stimmen (OR 808 ff.). Ausnahme allerdings bei Statutenänderungen und Neumitgliederaufnahme.[78]
- Der Gesellschafterversammlung unterliegen sog. „unübertragbare Aufgaben".[79] Es handelt sich dabei gem. OR 810 u.a. um die Festsetzung und Änderung der Statuten; Bestellung, Abberufung und Entlastung von Geschäftsführern. Die Gesellschafterversammlung ist jedoch nicht befugt, Mitglieder der Geschäftsführung zu wählen.[80]
- Die Geschäftsführung gem. OR 811 ff: Prinzipiell wird nicht gewählt, denn jeder Gründungsgesellschafter ist zur Geschäftsführung berechtigt bzw. verpflichtet, es sei denn die Statuten enthalten hierzu Abweichungen.[81] Die Befugnis zur Geschäftsführung durch Gründungsgesellschafter kann nur beim Vorliegen wichtiger Gründe entzogen werden.[82] Die geschäftsführenden Gesellschafter unterliegen dem Konkurrenzverbot.

[77] Martina Wittibschlager: a.a.O., S. 197.
[78] Vgl: Arthur Meier-Hayoz/Peter Forstmoser: a.a.O., S. 354.
[79] http://www.advokatur.ch/gruend.html: Gesellschaftsrecht, Gründungen, (13.05.04).
[80] Vgl: Arthur Meier-Hayoz/Peter Forstmoser: a.a.O., S. 354.
[81] http://www.advokatur.ch/gruend.html: Gesellschaftsrecht, Gründungen, (13.05.04).
[82] Vgl: Arthur Meier-Hayoz/Peter Forstmoser: a.a.O., S. 356.

Das Gesetz ermöglicht der GmbH, sich mit einer Kontrollstelle auszustatten (OR 819 II); dies sowie alle anderen gesetzlichen Abweichungen soll in den Statuten verankert werden.[83]

7.2.3 Die Mitgliedschaft

In der Gründungsphase erwirbt man die Mitgliedschaft durch Erbringung seiner Stammeinlage; später durch Übertragung (Gesellschafterwechsel). Letzteres wird aber oft durch gesetzliche oder statutarische Regelungen eingeschränkt.

Die Mitgliedschaft sowie jeder Gesellschaftswechsel bedürfen einer öffentlichen Bekanntmachung.[84]

Der Austritt eines Gesellschafters kann verhindert werden, wenn dadurch die Gefahr einer Kapitalherabsetzung besteht.[85]

OR 820 enthält einige Gründe, die zur Auflösung einer GmbH führen können:

- Analog der statutarischen oder gesetzlichen Bestimmungen
- Konkurseröffnung
- Richterliches Urteil

Die Auflösung führt zur Liquidation.

Die Kommanditaktiengesellschaft hat im schweizerischen Gesellschafts-

[83] Vgl. Martina Wittibschlager: a.a.O., S. 199.
[84] Vgl. Arthur Meier-Hayoz/Peter Forstmoser: a.a.O., S. 352-353.
[85] Vgl. Martina Wittibschlager: a.a.O., S. 200.

recht keine besondere Bedeutung.[86] Aus diesem Grund wird sie im Rahmen dieser Arbeit nicht berücksichtigt.

7.3 Die Genossenschaft (OR 828 ff)

Die Genossenschaft ist eine auf gemeinsame Selbsthilfe ausgerichtete Gesellschaft mit „ein in Teilsummen zerlegtes Grundkapital" zur Verfolgung wirtschaftlicher Zwecke.[87]

Das Gesellschaftsvermögen stellt ausschließlich die Haftungsgrundlage für die Schulden der Genossenschaft dar. Die Statuten können aber abweichende Regelungen enthalten.[88]

Die Genossenschaft hat zwingend drei vom Gesetz vorgeschriebene Organe: das Legislativ-, das Exekutiv- und das Kontrollorgan.[89]

Das Vorliegen von schriftlich abgefassten Statuten, eine konstituierende Generalversammlung sowie die Handelsregistereintragung sind die gesetzlichen Gründungsvorschriften.[90]

Die Mitgliedschaft beruht auf der Persönlichkeit des Mitglieds. Alle Genossen unterliegen den gleichen Rechten (Schutz- und Mitwirkungsrechte) und Pflichten (z.B. Treupflicht).[91]

Die Auszeichnung der Statuten genügt, um die Mitgliedschaft zu erwerben. Ein- und Austritte sind jederzeit zulässig.

---

[86] Vgl. Martina Wittibschlager: a.a.O., S. 193.
[87] Arthur Meier-Hayoz/Peter Forstmoser: a.a.O., S. 366.
[88] Vgl. Arthur Meier-Hayoz/Peter Forstmoser: a.a.O., S. 368.
[89] Vgl. ArthurMeier-Hayoz/Peter Forstmoser: a.a.O., S. 376.
[90] Vgl. Arthur Meier-Hayoz/Peter Forstmoser: a.a.O., S. 379.
[91] Vgl. Arthur Meier-Hayoz/Peter Forstmoser: a.a.O., S. 369-374.

Eine Genossenschaft kann aus ähnlichen Gründen wie eine Aktiengesellschaft aufgelöst werden; daraus folgt auch eine Liquidation.[92]

7.4 Der Verein (ZGB 60 ff.)

Der Verein ist eine Personenvereinigung zur Verfolgung idealer bzw. nichtwirtschaftlicher Zwecke, was aber nicht bedeutet, dass er kein kaufmännisches Gewerbe betreiben darf.[93] „Für die Entstehung des Vereins genügt es, dass der Wille, als Körperschaft zu bestehen, aus schriftlichen Statuten hervorgeht, die über Zweck, Mittel und Organisation Auskunft geben".[94]

Vereinsversammlung und Vorstand sind die gesetzlich vorgeschriebenen Organe eines Vereins. Man wird Vereinsmitglied entweder durch Gründungsteilnahme oder durch späteren Beitritt. Die Mitgliedschaft ist somit personenbezogen. Das Vereinsvermögen allein stellt die Haftungsgrundlage für die Vereinsschulden dar. Es besteht keine Eintragungspflicht ins Handelsregister. Ferner hat der Verein keine Firma, auch im Falle einer Eintragung. Der Ort der Vereinsverwaltung entspricht seinem Sitzort.[95] Beim Vorliegen gesetzlicher oder statutarischer Gründe wird der Verein aufgelöst. Eine Auflösung führt zur Liquidation.[96]

7.5 Die Kollektivgesellschaft (OR 552 ff)

Die Kollektivgesellschaft kann eine kaufmännische oder nichtkaufmän-

---

[92] Vgl. Arthur Meier-Hayoz/Peter Forstmoser: a.a.O., S. 380.
[93] Arthur Meier-Hayoz/Peter Forstmoser: a.a.O., S. 389.
[94] Arthur Meier-Hayoz/Peter Forstmoser: a.a.O., S. 401.
[95] Vgl. Arthur Meier-Hayoz/Peter Forstmoser: a.a.O., S. 388-393.
[96] Vgl. Arthur Meier-Hayoz/Peter Forstmoser: a.a.O., S. 402.

nische Gesellschaft sein. Sie ist eine vertragliche Vereinigung zweier oder mehrerer natürlicher Personen um ein Gewerbe zu betreiben.[97]

Wird das Gewerbe „nicht nach kaufmännischer Art“ betrieben, so erwirbt die Gesellschaft ihre Rechtsform erst Kraft Eintragung in das Handelsregister (OR 553). Der Ort und der Inhalt der Eintragung richten sich nach OR 554.[98]

Der Gesellschaftsvertrag regelt das Innenverhältnis der Mitglieder (OR 557 ff), d.h. wie Gewinne, Verluste, und sonstige Ansprüche bzw. Pflichten unter den Gesellschaftern verteilt werden.

Im Außenverhältnis kann die Kollektivgesellschaft nach OR 562 „(...) unter ihrer Firma Rechte erwerben und Verbindlichkeiten eingehen, vor Gericht klagen und verklagt werden.“[99]

Primär haftet das Gesellschaftsvermögen für die Schulden der Gesellschaft. Gehen die Schulden aber über das Gesellschaftsvermögen hinaus, so haften nach OR 568 die Kollektivgesellschafter persönlich, solidarisch und mit ihren ganzen Vermögen (d.h. unbeschränkt) für alle Verbindlichkeiten der Gesellschaft; dies vor allem wenn u.a. die Gesellschaft aufgelöst wird oder im Konkurs steht.[100] Solidarische Haftung bedeutet für einen Gesellschaftsgläubiger, dass er seine Forderungen gegen irgendeinen Gesellschafter allein gelten machen kann.

Grundsätzlich ist jeder einzelne unbeschränkt haftende Gesellschafter zur

[97] Vgl. Martina Wittibschlager: a.a.O., S. 191.
[98] http://www.advokatur.ch/gruend.html: Gesellschaftsrecht, Gründungen, (13.05.04).
[99] http://www.advokatur.ch/gruend.html: Gesellschaftsrecht, Gründungen, (13.05.04).
[100] http://www.advokatur.ch/gruend.html: Gesellschaftsrecht, Gründungen, (13.05.04); i. V. m. Vgl. Wittibschlager, Martina: a.a.O., S. 192.

Geschäftsführung befugt. Allerdings kann dies an einen Dritten übertragen werden in Form einer Prokura oder Handlungsvollmacht gem. OR 566, was dann in das Handelsregister eingetragen werden muss.[101]

Die Auflösung der Kollektivgesellschaft ist eine eintragungspflichtige Tatsache, es sei denn diese wird wegen Konkurses aufgelöst (OR 574 ff).[102]

7.6 Die Kommanditgesellschaft (OR 594 ff)

Das OR 594 I definiert die Kommanditgesellschaft als eine Gesellschaft, „(...) in der zwei oder mehrere Personen sich zum Zwecke vereinigen, ein Handels-, ein Fabrikations- oder ein anderes nach kaufmännischer Art geführtes Gewerbe unter einer gemeinsamen Firma in der Weise zu betreiben, dass wenigstens ein Mitglied unbeschränkt, eines oder mehrere aber als Kommanditäre nur bis zum Betrag einer bestimmten Vermögenseinlage, der Kommanditsumme, haften“.[103]

Nach OR 594 II dürfen die unbeschränkt haftenden Gesellschafter (d.h. die komplementären Gesellschafter analog zu OR 604) nur natürliche Personen sein.

Die Komplementäre sind zur Geschäftsführung befugt. Sie haften persönlich, unbeschränkt und solidarisch gegen Gesellschaftsgläubiger.[104] Allerdings nur, wenn die Schulden der Gesellschaft das Gesellschaftsvermö-

---

[101] Vgl. Martina Wittibschlager: a.a.O., S. 192.
[102] http://www.advokatur.ch/gruend.html: Gesellschaftsrecht, Gründungen (13.05.04).
[103] http://www.advokatur.ch/gruend.html: Gesellschaftsrecht, Gründungen, (13.05.04).
[104] Vgl. Martina Wittibschlager: a.a.O., S. 192.

gen übersteigt und die Kommanditgesellschaft aufgelöst wird oder im Konkurs steht.[105]

Die beschränkt haftenden Kommanditäre können entweder natürliche, juristische Personen oder Handelsgesellschaften sein: sie haften ausgenommen den OR 605-607 „(…) nur bis zum Betrag der nach außen kundgegebenen Kommanditsumme“.[106]

Ein nicht nach kaufmännischer Art geführtes Gewerbe erwirbt seine Rechtsform als Kommanditgesellschaft erst nach Eintragung in das Handelsregister (OR 595), das den Ort und den Inhalt der Eintragung nach OR 596 regelt.[107]

Die Auflösung der Kommanditgesellschaft (OR 574 ff) ist eine eintragungspflichtige Tatsache, es sei denn es liegt als Auflösungsgrund ein Konkurs vor.[108]

7.7 Die einfache Gesellschaft (OR 530 ff)

Meier-Hayoz/Forstmoser liefern hierzu eine umfassende Begriffserklärung.

Demnach versteht man unter einer einfachen Gesellschaft „(…) eine personenbezogene Rechtsgemeinschaft, die (...) wirtschaftliche oder nichtwirtschaftliche Zwecke verfolgt und deren Teilhaber mit ihrem ganzen Vermögen primär, unbeschränkt und solidarisch für die Verbindlich-

[105] Vgl. Martina Wittibschlager: a.a.O., S. 192.
[106] Martina Wittibschlager: a.a.O., S. 193.
[107] http://www.advokatur.ch/gruend.html (13.05.04).
[108] Vgl. Martina Wittibschlager: a.a.O., S. 193.

keiten der Gesellschaft haften".[109] Sie ist die Grundform des schweizerischen Gesellschaftsrechts.

Die einfache Gesellschaft entsteht, sobald sich die Parteien über die gemeinsame Verfolgung eines bestimmten Zwecks vertraglich einig sind. Der Gesellschaftsvertrag regelt somit das Verhältnis unter den Gesellschaftern. Im Außenverhältnis tritt der gesellschaftsführende Gesellschafter (in der Regel nur eine Person: „Einzelgeschäftsführungsbefugnis"[110]) auf, muss aber immer im Namen aller anderen Gesellschafter handeln. Grundsätzlich kann eine einfache Gesellschaft bereits beim Ausscheiden eines Gesellschafters aufgelöst werden. Eine Publizitätspflicht, sei es bei der Entstehung oder Beendigung, besteht nicht, da die Gesellschaft nicht firmiert werden kann.[111]

---

[109] Arthur Meier-Hayoz/Peter Forstmoser, a.a. O., S. 195.
[110] Arthur Meier-Hayoz/Peter Forstmoser, a.a. O., S. 205.
[111] Vgl. Arthur Meier-Hayoz/Peter Forstmoser, a.a. O., S. 201-216.

8 Gemeinsamkeiten und Unterschiede des nationalen Gesellschaftsrechts in Niederlande und Schweiz

Gemeinsamkeiten / Unterschiede		
Kommanditgesellschaft		
Merkmale	**Niederlande**	**Schweiz**
Haftung	Komplementär: Persönlich, unbeschränkt und gesamtschuldnerisch Kommanditist: Beschränkt – Geschäftsführung haftet persönlich	Komplementär: Persönlich, unbeschränkt Kommanditist: Beschränkt; bei Geschäftsführung, haftet persönlich
Gründung	Eintragung ins Handelsregister; Entstehung durch einen Gesellschaftsvertrag	Eintragung ins Handelsregister; jedoch Entstehung auch ohne Eintragung
GmbH		
Gründung	Notariellen Gründungsakt und ministerielle Unbedenklichkeits-erklärung; Handelsregister	Errichtung des Stammkapitals i.H.v. 20.000 Fr. (bzw. 13.141,5€) oder jeder Gesellschaft zahlt mind. 50% seiner Einlagen; Handelsregister-eintragung

Organe	Jahreshauptversammlung, Geschäftsführung und Aufsichtsrat	zwei als Muss: Gesellschafterversammlung; Geschäftsführung (unterliegt jedem G-Gründer); evtl. eine Kontrollstelle als 3.Organ
Haftung	Gründer: Gesamtschuldnerisch (Gründungsphase)	Gesellschaftsvermögen; beschränkte Haftung der Gesellschafter
Einlagenübertragung	möglich jedoch beschränkt	Übertragung bedarf eine öffentliche Bekanntmachung
Aktiengesellschaft		
Anteilübertragung	Durch Erwerb und Übereignung in Form von Aktien	grundsätzlich möglich durch Erwerb; Besitzübergabe und Eintragung im Aktienbuch
Gründung	Notarieller Gründungsakt; Handelsregistereintragung	Notarieller Gründungsakt; Handelsregistereintragung
Haftung	Gründer: Gesamtschuldnerisch (Gründungsphase)	Gesellschaftsvermögen; Ausnahme: AG ist noch im Gründungsstadium, dann persönliche Gründerhaftung; evtl. auch Organhaftung.
Stammkapital	45.000 EUR	100.000 Fr (d.h.. 65.707,3 €); bzw. Mindesteinlagen

		i.H.v. 50.000 Fr. (38.853,7€)
Organe	drei Organe (Jahreshauptversammlung, Geschäftsführung und Aufsichtsrat)	drei Organe (Generalversammlung, Verwaltungsrat und Revisionsstelle)
Genossenschaft		
Organe	Mitgliederversammlung, Vorstand	3: Legislativ-, Exekutiv- & Kontrollorgan
Gründung	Notarielle Beurkundung; Eintragung ins Handelsregister	Statuten + konstituierende Generalversammlung + Handelsregistereintragung
Mitgliedschaft	Abschließung der Verträge	Auszeichnung der Statuten
Haftung	Mitgliederhaftung; Haftung jedoch nicht erzwingend erforderlich	Gesellschaftsvermögen

Verein		
Gründung	Beim formellen Verein: Notarielle Beurkundung; Eintragung in das von *Kamer van Koophandel en Fabriken* geführte Register Beim informellen Verein: Ohne notarielle Beurkundung	Willenserklärung und abgefasste Statuten
Organe	Vorstand, Vereinversammlung	Vereinsversammlung, Vorstand

Haftung	Beim informellen Verein: Persönliche, gesamtschuldnerische Haftung des Vorstandes	Vereinsvermögen

9 Zusammenfassung

Mit den vorhergehenden Ausführungen wurden die charakteristischen Elemente einzelner Gesellschaftsformen sowohl des schweizerischen als auch des niederländischen Gesellschaftsrechts herausgegriffen und näher beleuchtet.

Daraus ergeben sich folgende wesentliche Elemente, die prinzipiell auf den Besonderheiten der einzelnen Rechtssysteme beruhen:

1) Eine grundlegende Besonderheit schweizerischen Gesellschaftsrechts liegt darin, dass die in der Schweiz zugelassenen Gesellschaften entweder körperschaftlich oder gemeinschaftsrechtlich strukturiert sein müssen. Der wesentliche Unterschied dieser dualen Struktur ergibt sich aus der Rechtspersönlichkeit der einzelnen Gesellschaftsformen:

    - Die meisten Gesellschaftsformen in der Schweiz zählen grundsätzlich zu den Körperschaften (d.h. juristische Personen abgesehen von Anstalten). Das sind die Aktien-, die Kommanditaktiengesellschaft, die Gesellschaft mit beschränkter Haftung, die Genossenschaft und der Verein. Sie sind in erster Linie durch ihre Rechtsfähigkeit gekennzeichnet. Als rechtsfähige Gesellschaft hat jede dieser Gesellschaftsformen das Alleineigentum an ihrem Gesellschaftsvermögen, was im Normalfall auch die Haftungsgrundlage darstellt. Die Gesellschaft wird durch Vereinigung ihrer Mitglieder verselbständigt und tritt durch ihre Organe in den Geschäftsverkehr. Der Gesellschaftsvertrag beruht auf gesetzlich zwingend festgelegten Statuteninhalten.

- Die übrigen Gesellschaftsformen (einfache, Kollektiv- und Kommanditgesellschaft) gehören zu den nichtrechtsfähigen Rechtsgemeinschaften. Ihr Kennzeichnen ist also, dass sie als Gesellschaft weder eigene Rechtsträgerschaft noch Rechtspersönlichkeit haben. Zusätzlich stehen der Gemeinschaft dieselben Rechte und Pflichten zu, z.B. gemeinschaftliche Rechte am Gesellschaftsvermögen.

2) Das *Recht van enquete* stellt die Besonderheit des niederländischen Gesellschaftsrechts dar. Es ermöglicht eine externe Prüfung der finanziellen Verhältnisse der Unternehmen (NV, BV, *coöperatie, onderlinge waarborgmaatschappij*) mit dem Ziel, die Unternehmensleitung (*wanbeleid)* auf Fehler zu untersuchen. Die *enqueteurs* können rechtskräftige Maßnahmen ergreifen, die je nach Art oder Grad des Fehlers bis zur Auflösung der Gesellschaft führen können. Darüber hinaus weisen auch die einzelnen Gesellschaftsformen bestimmten Besonderheiten auf:

- Bei Maatschap: der Vertrag regelt das Verhältnis der Mitglieder untereinander; für das Verhältnis mit Dritten bedarf der Vertreter eine Bevollmächtigung. Gesellschafter haften nach Köpfen zu gleichen Teilen. Die maatschap ist keine juristische Person. Trotzdem kann sie klagen oder verklagt werden; allerdings nur wenn sie in der Öffentlichkeit unter einem gemeinsamen Namen tätig ist.
- Die *Vennootschap onder firma* ist eine verselbständigte Gesellschaftsform mit eigenem Gesellschaftsvermögen. Sie ist somit prozess- und konkursfähig. Die Gesellschafter der *v.o.f.* sind gesamtschuldnerisch für Schulden der Gesell-

schaft haftbar (*hoofdelijk aansprakelijk*); dies betrifft nicht nur die Vertretungsbefugten, sondern alle Gesellschafter. Diese Gesamtschuldnerschaft ist zwingend vorgeschrieben. Den Gläubigern stehen damit für die Haftung die Privatvermögen aller Gesellschafter und das Gesellschaftsvermögen zur Verfügung. Diese Regelungen finden auch für die Commanditaire vennootschap Anwendung, jedoch unterliegen die Komplementäre einer beschränkten Haftung.

- Die besloten vennootschap met beperkte aansprake-lijkheid (BV) und die naamloze vennootschap (NV) unterliegen auch bis auf einige Ausnahmen den gleichen gesetzlich zwingend vorgeschriebenen Regelungen. Diese betreffen u.a. deren Gründungsvorschriften (der Grün-dungsakt bedarf einer notariellen Beurkundung sowie einer ministeriellen Unbedenklichkeitserklärung), deren Organe (algemene vergadering van de andeelhouders; bestuur, directie; raad van commissarissen), etc. Allerdings hängt die Ausstattung mit einem Aufsichtsrat von der Größe des BV bzw. NV ab. Dies wird besonders in der sogenannten „Strukturgesellschaft" erklärt. Der wesentliche Unterschied zwischen einer BV und einer NV besteht in der Art der Kapitalbeteiligung.

Abschließend kommt man zu dem Schluss, dass in beiden Rechtssystemen der Gesetzgeber besonderen Wert auf den Schutz öffentlicher Interessen gelegt hat, und zwar sowohl bei der Gesellschaftsbildung (z.B. durch Zwang zur Eintragung in das Handelsregister), als auch in allen Lebensphasen der Gesellschaft (z.B. die verschiedenen Haftungsregelungen).

Quellenverzeichnis

1. **Hüffer, Uwe:** Gesellschaftsrecht 6. Aufl., München, 2003.

2. **Mincke, Wolfgang:** Einführung in das niederländische Recht, München 2002.

3. **Meier-Hayoz, Arthur/ Forstmoser, Peter:** Grundriss des schweizerischen Gesellschaftsrechts. Siebte, überarbeitete Auflage, mit neuem Aktienrecht, Bern 1993.

4. **Reinhardt, Rudolf/Dietrich, Schultz:** Gesellschaftsrecht: e-Lehrbuch, 2. Aufl., Tübingen 1981.

5. **Ruedin, Roland:** http://www.lexhist.ch/externe/protect/textes/d/D27305.html, Gesellschaftsrecht, (13.05.04), S. 1-2.

6. **http://www.advokatur.ch/gruend.html**: Gesellschaftsrecht, Gründungen, (11 & 13.05.04).

7. **Wittibschlager, Martina**: Ausländisches Recht: Einführung in das schweizerische Recht, München 2000.

8. **Zweigert, Kötz:** Einführung in die Rechtsvergleichung: auf dem Gebiet des Privatrechts / von Konrad Zweigert und Hein Kötz. 3., neubearb. Aufl., Tübingen 1996.

www.ingramcontent.com/pod-product-compliance
Lightning Source LLC
LaVergne TN
LVHW082234051026
849532LV00012B/3983